Un encuentro con mis decisiones

Cuando estés de ánimo, dispuesto y resuelto
a observar la luz inmensa que inspira el leer,
un nuevo mundo aparecerá frente a mi

Un encuentro con mis decisiones

Diseño y diagramación:
Alas Publicidad S.A.S.

ISBN 978-958-48-7445-0
Segunda Edición
E- Book

Itinerario.

Despertó aunque no estaba durmiendo y, por extraño que parezca, se sintió por primera vez y entendió que no había vivido, que sólo respiraba; creyó que otro rumbo era posible. Reflexionó sobre las cosas de la vida y confirmó que hay algunas que no son ciertas, pero pueden ser usadas a su favor y que hay otras ciertas pero desconocidas. Entonces se preguntó quién era y halló una respuesta, comprendió que el poder no se roba, no se ruega, no se compra, simplemente se ejerce; se levantó de una silla porque supo que no tenía que estar en ella y sin embargo viajó sentado; dio siete pasos, vivió en el infierno, pasó por el cielo y tomó una decisión: puso el tiempo a su favor, disfrutó el momento e hizo su mejor esfuerzo.

Tomó su maleta de viaje, empacó en ella lo que creyó podría serle útil, desechó lo demás; viajó con lo indispensable, lo indefectible, lo inevitable, lo inolvidable y lo infalible.

Respiró profundo, miró su metro cuadrado y supo que lo que allí sucedía era porque lo había permitido; también comprendió que aquello que deseaba y no lograba o no tenía, era simplemente porque no le daba la gana.

Trazó una ruta que consideró la debida y ese día antes de partir, se dijo a sí mismo:

¡BIENVENIDO A UN NUEVO VIAJE POR LA VIDA!

1

INDISPENSABLES

- **Viajar la vida, vivir un viaje**.

Y, ¿qué tal si la vida es un viaje? (y, ¿qué tal la vida como un viaje?) La vida está llena de momentos, de lugares, de personas y todo en conjunto son experiencias, igual que un viaje, además, la vida tiene principio y fin, existe el anhelo de que no se acabe, como en un buen viaje, y quizá la más fuerte de las coincidencias es que no nos enseñan a viajar como tampoco a vivir, pues, a viajar se aprende viajando y a vivir viviendo.

El viaje es movimiento, es cambio constante, es aventura, es aprendizaje, el viaje es una certeza de estar vivos, vivir debe ser la certeza de saber viajar.

En un viaje, como en la vida, se puede coincidir con muchos en cuanto al destino, y sin embargo las experiencias pueden ser muy diferentes, hay también, quienes inician el viaje con más instrumentos que otros y el resultado final no depende solo de ello, existen quienes están atentos y provocan los cambios de itinerarios y otros que simplemente se dejan llevar por *"los guías del paseo"* hay quienes viajan con miedo y quienes viajan sin él, hay quienes disfrutan el viaje y quienes creen que les toca padecer.

Lo cierto es que las circunstancias del viaje pueden cambiar en cualquier momento - igual que en la vida – y aunque nuestro cerebro está entrenado para entender la frase *"todo puede cambiar en cualquier momento"* como un sino de fatalidad, también es cierto que ese cambio puede ser un sino de prosperidad, todo depende de qué decisiones se tomen durante el viaje y con qué ánimo enfrentemos el mismo.

- **Un alto en el camino.**

Los altos en el camino pueden ser obligados por el cansancio, por un accidente, por enfermedades, por falta de provisiones, pero los mejores altos son los que se dan para reflexionar, para prever, para planear, para decidir, para aprender, para aplicar y en este caso para leer. (*más aún cuando no son obligados por alguno de los factores iniciales*)

Este alto en el camino pretende aprovechar el leer, para aplicar, aprender, decidir, planear, prever y sobre todo para reflexionar; y la primera reflexión, es sobre lo indispensable para afrontar un viaje por la vida.

Si de aprender a vivir se trata, tratando de aprender de un viaje, lo primero que se debe confeccionar es una lista de chequeo sobre lo indispensable.

Un Instante.

- Entiendo que, aunque muchos viajemos al mismo lugar, las experiencias pueden ser diferentes.

- Que las condiciones iniciales del viaje no determinan el éxito del mismo.

- Que todo puede cambiar en un instante y que esos instantes hacen la diferencia para que sea un excelente viaje o, simplemente, un viaje más.

- Comprendo que no sólo puedo aprender a vivir la vida, sino que debo aprender a vivirla.

"Cualquier cosa puede suceder… inclusive (y, sobre todo) ¡lo que más deseo!"

- **La lista de chequeo**

Es más simple cuando comprendo la vida a través de la metáfora de un viaje, entiendo que lo primero que debo hacer, como cuando se viaja, es desarrollar una lista de chequeo, que tenga los aspectos generales más importantes para hacer de la vida un buen viaje, esta lista de chequeo tiene cuatro puntos que considero son fundamentales, los he denominado **los indispensables**, el primero de ellos es **el destino**, ¿hacia dónde me dirijo? ¿Para dónde voy en la vida? ¿cuál es mi propósito? ¿a qué vine al mundo? ¿para qué soy bueno? ¿qué me encanta hacer? ¿Qué quiero ser? El segundo punto de la lista de chequeo tiene que ver con un aspecto que comúnmente genera incertidumbre a la hora de emprender un viaje y asumir retos en la vida, **el Dinero**, ¿Cómo voy a financiar el viaje?, se trata de comprender y definir qué acciones voy a tomar para resolver ese aspecto; y para ello debo entender, qué es el dinero y cómo me relaciono con él, ya que esta es una cuestión generalmente, para muchos, compleja de subsanar. El tercer aspecto tiene que ver con el acondicionamiento para el viaje de la vida, **la salud**, se trata de identificar cuáles de mis hábitos son saludables, cuáles no tanto y cuales no en lo absoluto, qué cuidados, de acuerdo a mis condiciones de salud, debo tener en cuenta para no llegar a padecer tropiezos en ese aspecto y; como cuarto punto de la lista de los indispensables para un buen viaje, se encuentra **las relaciones**, ¿con quién viajo el viaje de la vida? ¿de quiénes me rodeo?

Estas son preguntas, quizá, de difícil respuesta, sin embargo, son de fundamental importancia responderlas de la manera más clara posible.

*"Regresando a la metáfora de la vida como un viaje, no tener claro esos cuatro aspectos **indispensables,** es tan simple como salir sin saber para dónde ni a qué, ni cuánto tiempo, afrontar el viaje sin dinero sin saber cómo lo voy a financiar o simplemente depender de otros en cuanto a lo económico, viajar enfermo o enfermarme en el viaje por no prever las posibles situaciones de riesgo y viajar a un lugar donde no conozco ni entiendo el idioma, donde no me puedo comunicar, o con gente ladrona, personas que me roban tiempo, dinero y energía."*

- **La silla de la vida**

¿De pie o sentado?

Puedo y me convenzo que debo viajar sentado en una silla de cuatro "patas", las cuales deben ser sólidas, robustas, muy fuertes y bien equilibradas; esas "patas" son de nuevo los aspectos indispensables, - el propósito, el dinero, la salud y las relaciones - es decir *claro los fines, abundante dinero, próspera salud y excelentes relaciones.*

En este aspecto la clave es ¡el equilibrio!

Imagino una vida haciendo lo que deseo, amo y para lo que soy bueno, gozando de buena salud y buenas relaciones, **pero sin dinero;** o una vida con dinero haciendo lo que amo, amado por quienes me rodean, **pero enfermo**; o una vida saludable, con dinero haciendo lo que amo, **pero odiado**; o una vida amado, saludable, con dinero, **pero dedicado a algo que nunca me gustó hacer.**

cualquiera de los escenarios anteriores es fatal, por eso es importante lograr un equilibrio en los cuatro aspectos, viajar en una silla que tiene una pata mala es muy incómodo, o viajar con sólo dos aspectos resueltos de los cuatro, eso es viajar *¡de a pie!* Pudiendo viajar sentado, equilibrado, feliz es decir tranquilo.

"Aquel que no ama lo que hace, aunque lo haga todo el día es un desocupado, y el pago que obtiene a cambio es dinero maldito, por tanto, el pan que lleva a su mesa es un pan envenenado"

Facundo Cabral.

¡Haz lo que amas, gana por ello, cuídate y se amable!

- **La ruta debida**

¿Qué hice?

Creé la ruta de viaje y la llamé la ruta debida, no de vida sino la ruta del deber ser, la que no es obligatoria y que es posible, no la que está sujeta a los paradigmas o prejuicios, no es la ruta que está llena de imposibles, de miedos, de dudas, sino esa ruta propia con un destino único, la que creo todos tienen, pero que muchas veces deciden no recorrer.

-   **A propósito.**

Propósito, es definir a qué me voy a dedicar, qué quiero ser y hacer y qué rol quiero desempcñar durante el viaje; lo primero que debo determinar es que sea algo que le aporte a los demás, algo que sepa o que deseo aprender a hacer, que aplicándolo sea de utilidad para la sociedad y que la gente lo necesite, para ello debo partir de lo que me es innato, lo que viene con uno desde el nacimiento, lo cual logro siguiéndome el rastro a mí mismo, una forma de hallarlo es darme cuenta cuáles son aquellas actividades por las que la gente me reconoce, es decir qué hago de manera excepcional y la gente me admira o me busca por ello, otra forma es recordar cuáles materias de la escuela, el colegio o la universidad se me daban más fácil.

Allí están los dones, lo que sucede es que muchas veces el sistema en el que nos formaron se encarga de cubrir y enterrar esas capacidades o talentos que todos tenemos, era frecuente cuando estábamos en el colegio y nos iba mal en una materia que, nuestros padres contrataran algún profesor para que nos dieran clases extras, obligándonos a hacer y aprender aquello para lo cual de manera natural y espontánea, no somos tan buenos; es importante entonces, guiarse por aquellas áreas en las cuales el tiempo se va sin darme cuenta, qué, de todo lo que hago, me gusta hacer más, qué actividad haría gratis, sin cobrar, aquella o aquellas actividades qué cuando las veo hacer se me va la vida; cuando logre identificar esa actividad debo buscar aprenderla de manera profesional y practicarla hasta volverme experto en ello, no importa qué actividad sea, desde cuidar una planta, cocinar, hablar, cantar, jugar, escribir, pintar, bailar, en fin, cualquier actividad terminada en ar, en er, en ir y convertirla en mi propósito de vida.

*"Pueden porque **CREEN** que pueden"*
Virgilio

-   **¿A cómo?**

Dinero, en cuanto a este aspecto la tarea es intensa, lo primero es revisar cuál es mi posición frente a esta "cuestión" la formación de los latinoamericanos es muy perturbadora con respecto al dinero, hay muchas construcciones ideológicas, es decir ideas cuyas lógicas invitan a creer que es un factor difícil, inmoral, y hasta antiético y, peor aún, es que la carencia en torno al dinero es una obligación o una condición natural o impuesta, estas ideas llegan a nuestras mentes por diferentes *"canales de distribución"* como la política, la academia, la religión y los medios de comunicación; frases como que "es más fácil que un camello pase por el ojo de una aguja que un rico entrar al reino de los cielos" o " que de eso tan bueno no dan tanto" o que "somos países del tercer el mundo" es decir los últimos, pero y ¿cuál es el segundo? O que "los ricos viven al norte, los pobres al sur" y nuestra ubicación geográfica es el sur, o tan simple como que los ricos son malos o que abusan de los pobres, o hacen sus *"torcidos"*, o que "es mejor un aguasal tranquilo" o que "el dinero no es felicidad" en fin… hay miles de ejemplos más; me doy cuenta que las condiciones frente al dinero trascienden por el imaginario, las ideas y concepciones que tengo frente a él, y lo que realmente debo tener claro es ¿qué es? para poder manejar de forma debida este aspecto del viaje de la vida.

Hay cinco elementos fundamentales que debo entender con respecto al dinero, el primero de ellos, el dinero es una **energía**, esto en cuanto a que es capaz de generar movimiento; cuando se habla de él o se intermedia con él hay movimiento. Segundo, entender que es **neutro**, es decir, en sí, el dinero no es bueno no es malo, simplemente es dinero. Tercero, debo entenderlo como un aspecto **importantísimo** en nuestro el sistema de vida actual, tan importante es que modifica nuestras emociones, nuestra actitud, no es un factor de poca importancia, ejemplo de ello es que llegando a un cajero electrónico el resultado del extracto bancario nos pone de mejor o peor ánimo. Cuarto, debo entender que el dinero **no es un fin**, simplemente es un medio, el dinero adquiere sentido cuando se tiene un propósito para su adquisición y destinación, por ello lo fundamental de tener proyectos y visualizar el dinero como un medio para lograrlos.

Por último, como quinto aspecto y de manera fundamental, el dinero es una **idea**; así es, dependiendo de la idea que tengo del dinero será mi relación con él, aquella idea de que el dinero es sucio, *"¡cochino, vaya lávese las manos que cogió plata ¡"* decía mi mamá cuando era chico, pensando en las bacterias, pero yo a los cinco años no sabía qué era una bacteria, quedándome con la idea de que el dinero es sucio.

En mi caso particular tenía una frase que decía *"el dinero es el estiércol del diablo",* mi lógica era que, si por dinero secuestraban, mataban, prostituían eso era obra del diablo, durante mucho tiempo tuve mala relación con el dinero, porque claro *¿quién quiere tener los bolsillos o la cuenta bancaria llena de "mierda" (estiércol)?* y menos si era del diablo.

> *"**El dinero** es una **energía neutra, importantísima**, que funciona como **un medio**, no como un fin y que **de mi manera de pensar o idea** que tenga frente a él, **dependerá mi relación con este.**"*

De acuerdo con esto lo primero es entender que el dinero es una energía neutra, luego se debe definir, dinero ¿para qué? una vez establecido el fin, es decir, en qué se va a utilizarlo establecer la cantidad requerida, trazar metas y plantear la forma de adquirirlo sin importar la cantidad ni considerar que es imposible conseguirla.

Reprogramando el dinero.

Cada mañana al despertar y luego de sonreír y agradecer por el nuevo día me pregunto:

- *¿Rico o pobre?* Y me respondo.
- *¡Rico!* – a continuación, me digo.
- *Entonces actúa en consecuencia.*

- **¡A mi salud!**

Salud, tercer punto de la lista de chequeo. La salud en realidad es el estado natural de nuestro cuerpo, es decir que él está diseñado para permanecer sano; aquello que conozco como enfermedades, realmente son, en su mayoría, mecanismos de defensa que el cerebro desarrolla para corregir unas situación que no corresponde al estado natural del cuerpo, situaciones como la diarrea, la tos, la gripa, el hipo, la fiebre en comienzo son mecanismos que el cerebro acciona porque detecta factores exógenos que son perjudiciales para la salud, nadie puede a voluntad aumentar la temperatura del cuerpo o generarse diarrea. La cuestión de la salud debe ser entendida como un ejercicio

conformado por tres variables: la primera el cerebro, el cual es la central de mando y cuya principal función es lograr la supervivencia; la segunda es el cuerpo, que es el escenario de acción con el que cuenta el cerebro para actuar, y el tercero y muy definitivo son las emociones, así es, el manejo de mis emociones determina en gran medida, en altísima medida mi situación de salud.

Tuve la oportunidad de leer un texto del Dr. Reik Hammer quien explica muy bien y basado en estudios científicos propios esta situación. El documento es conocido en castellano como "la medicina patas arriba" que recomiendo consultar, es de circulación gratuita; en él explica de manera más profunda lo que a continuación narro. (escribe en Instagram a @andres_pinneros y te envió una copia digital de este texto)

Las emociones son una condición personal, esto quiere decir que cada persona vive las situaciones o experiencias de la vida de manera diferente, ejemplo de ello es que ante la muerte de un ser querido, el despido de un trabajo o la terminación de una relación de pareja, las personas reaccionan de manera distinta, esto derivado de su forma de ver y manejar su vida, la reacción ante esas y otras situaciones vividas provocan que se desarrollen conductas y hábitos que pueden ir en detrimento de la salud.

El cerebro: esta es la unidad de control y mando para la supervivencia, vivimos en un mundo homeostático, en un universo que busca el equilibrio y el equilibrio de nuestro sistema se da a través de la muerte, de la destrucción, esto se evidencia al analizar que todo en nuestro modelo de vida tiene fin, las casas se va a caer, tarde o temprano; los vehículos y aparatos se van a dañar y nosotros vamos a morir. Eso es indefectible, el cerebro como centro de mando para la supervivencia entiende que esto puede suceder en algún momento y actuará con todos los instrumentos que tiene a su alcance para intentar evitar que esto suceda.

Somos un cerebro con un cuerpo colgando, esta afirmación tiene sustento cuando analizamos y posteriormente entendemos situaciones claras como, ¿para qué tenemos ojos? ¡para que el cerebro vea¡, ¿para qué olfato, gusto, tacto y oídos? ¡Para que el cerebro huela, deguste, sienta y escuche! Tenemos manos para que él coja y piernas para que él se desplace, los órganos de los sentidos y todo nuestro cuerpo son instrumentos al servicio del cerebro y éste, el cerebro, al servicio de nuestra mente, es decir de nosotros.

Aunque el cerebro cuenta con todos estos instrumentos para interactuar con el entorno inmediato que lo rodea, hay un factor fundamental a entender y es que él percibe el mundo también a través de nuestras ordenes, ordenes de la mente, generadas a través de pensamientos, emociones y perspectivas. Es así como imaginando con lujo de detalles que estamos *"chupando"* un limón jugoso con algo de sal, nuestras glándulas segregan saliva, así no estemos comiendo el limón, de igual manera el cerebro activa dispositivos que están a su alcance y que son reacciones a pensamientos, ideas y emociones que nosotros generamos.

"La enfermedad, es pues, un desequilibrio simultaneo a nivel psíquico, cerebral y orgánico, debido a un trauma emocional" afirma el Dr. Hammer; y esto tiene lógica en cuanto a que entre más bajo sea nuestro estado de ánimo más propensos somos a adquirir enfermedades, el sistema inmunológico se ve afectado por nuestras emociones.

Los hábitos de vida son provocados por emociones que motivan acciones que afectan nuestra salud; nadie se despierta un día y de repente aparece con 20 kilos de peso de más, ¡no!, esto es derivado de conductas alimenticias que devienen de alguna situación emocional que llevó a que sucediera; de igual manera sucede con la diabetes, el cáncer, el SIDA y otras tantas enfermedades; existieron conductas generadas por emociones que a su vez fueron motivadas por pensamientos que conllevaron a que ello sucediera.

"Cuando pienso mal, me siento mal y me veo peor"

Dime con quien…

Las relaciones. En la vida del ser humano todo es cuestión de comunicación, una relación de pareja, un discurso político, una venta, una compra, la educación, los medios son de comunicación, ahora bien, comunicarme no es solo saber qué decir, se trata también de cómo, cuándo y a quién; el éxito está determinado por mi capacidad para comunicarme con el entorno próximo y de lo asertiva que sea esta comunicación.

Hay tres grandes factores que son determinantes para desarrollar mi capacidad para comunicarme. El primero es la ***necesidad***, debo entender y aceptar que necesito del otro, somos animales gregarios, el éxito de nuestra especie es que tenemos una gran capacidad para comunicarnos, el segundo factor es la ***oportunidad***, debo entender que donde hay otro ser humano y si me puedo comunicar de manera efectiva, habrá una gran oportunidad para crecer, hacer, vivir y alcanzar; como tercer factor fundamental es ***aprender a escuchar para comunicarme***, muchas veces escucho para responder, no para comprender, y me pierdo de enormes conocimientos, y la capacidad de interactuar y mejorar con lo que otros tienen que decir y compartir.

Para mejorar las relaciones hay aspectos muy importantes; uno, *debo estar presente en mente y cuerpo* en el lugar en el que estoy, es muy común que la gente acuda a una clase de la universidad o el colegio pero están pensando en otras cosas por lo tanto no aprenden, es decir no están cumpliendo con el objetivo para el cual fueron al lugar donde están, esta conducta, descubrí, que es la más frecuente de todas, tenemos el cuerpo físicamente en un lugar y la mente viajando por otras dimensiones, eso nos convierte en infelices, porque al final no estamos ni donde la mente, ni donde el cuerpo, para ello cada vez al iniciar cualquier encuentro de cualquier tipo me digo: *"recuerda, mente y cuerpo juntos en el mismo lugar son dos para lograr el objetivo"* mientras entiendo que muchas veces los demás, solo traen el cuerpo.

Dos, entiendo que lo mejor para que cualquier tipo de comunicación funcione es *abandonar toda suposición*, muchas veces me creo un adivino sabelotodo, esto hace que la otra persona reaccione de mala manera con respecto a mí, de allí se desprende la tercera clave: debo *abandonar prejuicios* y dejar de etiquetar a las personas, aquello del gordo, el calvo, el flaco, la loca, en fin, todo esto hace que mis interlocutores perciban esas malas actitudes y, por supuesto, la comunicación no sea asertiva.

2
INDEFECTIBLE
PORQUE
NO ME DA
LA GANA

-   Mi (el) primer viaje (México).

El viaje continúa…

Dos aspectos fundamentales para que el desarrollo de cualquier actividad humana tenga éxito es la capacidad de comprender y manejar *conceptos y contextos.*

Un colombiano en ciudad de México…

Una mañana en un restaurante y algo apresurado, solicité me sirvieran un desayuno con un caldo de costilla, intentando mitigar el efecto de los tequilas de la noche anterior, a lo que la señorita que atendía respondió.

- *¿Un qué? ¡disculpe usted!*
- *¡Un desayuno!* - repetí -
- *Disculpe, no le entiendo* - me replicó -
- *Un desayuno, la primera comida del día* – dije -
- *¡Ah! un almuerzo querrá decir usted,* - expresó -

La miré con la desubicación del caso, observé el reloj y este me indicaba que, aunque algo fuera de mi horario de llegada, aún era temprano en la mañana. Ella me preguntó de dónde soy.

Le dije

- *Soy colombiano!*

Ella respondió:

- *No conozco el término desayuno; acá la primera comida del día se llama almuerzo.*

Entonces le dije:

- *¡Nosotros en Colombia desayunamos, almorzamos y comemos!*

Y ella respondió.

- *¡Ah! ¡En México almorzamos, comemos y cenamos!*

¡Entendí la situación y por consiguiente pedí que me trajera un almuerzo con caldo de costilla!

Una vez servido el tan anhelado plato solicité a la misma joven me sirviera una gaseosa, a lo que ella de nuevo con curiosidad preguntó:

- *¿Una qué? disculpe usted.*

La observé y ya un poco más recuperado le dije: *¡una gaseosa, una soda, un refresco!*

- *¡Ah, un refresco, entiendo!*

Una vez regresó con la bebida, de manera muy formal le pedí que me regalara un pitillo.

…En ese momento, sobre el restaurante de aquel hotel cayó una bomba atómica, representada en la reacción de la señorita que me atendía y con quien había tenido problemas de comunicación, quien con un tono de voz muy alto me reclamó:

- ¡Usted es un atrevido! ¡Cómo se le ocurre! Claro, ¡como son extranjeros creen que una es una cualquiera!, y porque una es humilde y trabaja atendiendo mesas creen una es una pu…

Pues en ese momento la interrumpí expresando mi asombro por su reacción, diciéndole

- Discúlpeme señorita, no entiendo su enojo… acaso ¿qué le dije para que usted reaccione así, con coraje?

El efecto que esperaba me hiciera el desayuno o el refresco, lo había logrado ella, pero con el tono de voz y el escándalo al que me vi sometido. *- ¡¡Cómo se le ocurre pedirme el pitillo!! -* gritó.

- Pero señorita creo que hay un mal entendido, ya tuvimos inconveniente con el desayuno, almuerzo, comida, cena y con la gaseosa, refresco, soda… por qué está usted así de enojada… acaso, ¿qué es el pitillo?

Ella viendo mi asombro y que no tenía intención de ofenderla, me respondió. *- ¡En México el pitillo es el clítoris! –*

Imaginarán mi cara de asombro ante semejante respuesta.

- y a usted cómo se le ocurre ¡pedirme el clítoris! – me dijo

Pues una vez más, con mis mejillas y todo mi cuerpo de color rojo por la vergüenza, le dije: *- Discúlpeme usted, no ha sido mi intensión que esto suceda, yo me refería al tubo plástico para sorber el refresco.*

Ella algo más calmada al entender la confusión me dijo.

- *¡Ah! ¡Eso se llama paja!*

- *¡Vea pues! en mi país eso significa otra cosa* – le dije.

¿Y me preguntó qué significaba? Ya avanzada esta extraña conversación se lo expliqué, a lo que respondió.

- *¡Ah, no! ¡Eso acá en México se llama chaqueta!!*

Frente a esa respuesta le dije.

- *Por favor, no sigamos hablando….*

Esta situación trajo una de las enseñanzas más importante de mi vida y tienen que ver con el manejo y entendimiento de los conceptos y los contextos.

La reflexión nace del supuesto que, en la situación de la historia, la señorita que atendía y yo, *"hablamos el mismo idioma"* -el castellano- y, sin embargo, hubo problemas de comunicación porque siendo el *"mismo idioma"*, los **conceptos** fueron diferentes y no supe hacer una correcta lectura del **contexto**, pues era otro país, otra cultura, otra persona.

Como ese viaje, así es la vida, un escenario donde manejar conceptos y contextos es fundamental, para poder entender quiénes somos, dónde estamos y cómo interactuamos y actuamos.

El concepto:

La lógica biológica.

- **El PAN** *(el Poder)*

Este es el primer concepto que debo comprender y aprender para realizar un viaje con sentido, su importancia es fundamental, cuando logro comprender a cabalidad y con claridad este criterio, hallo el punto de partida para el logro de todos los objetivos de mi vida.

- La lógica biológica…

El ser humano como especie, es taxonómicamente clasificable, esto quiere decir que es una más de las especies que habitan en el planeta tierra; somos animales vertebrados, mamíferos, vivíparos y bípedos, del orden de los primates (cinco dedos y con dientes) familia de los homínidos (primates superiores), género homo (primates parecidos al humano) especie sapiens (capaces de pensar) y es allí, en este último criterio de clasificación, en donde radica una de las grandes diferencia de nuestra especie con respecto a las demás, ya que poseemos
la capacidad de pensar. No es que no tenga claro que las demás especies no piensen, me refiero a la condición superior del humano en cuanto a esa capacidad, lo que a todas luces es evidente.

Poseer el don (la capacidad) de pensar, ha representado para el ser humano ser la especie más avanzada y evolucionada de todas las que habitan el planeta tierra, aunque por el comportamiento de algunos humanos, para muchos este sea un hecho dudoso.

Esta condición trae entre otras características, la facultad de decidir; somos la única especie que cuenta con esa capacidad, esto significa que podemos ser responsables de nuestra vida, nuestro devenir, esta condición se hace evidente cuando nos comparamos con otras especies animales; una ardilla hará siempre el mismo tipo de madriguera: no veremos una madriguera de dos pisos, piscina, balcón ¡No! Siempre será el mismo tipo de madriguera. De igual forma, un pájaro hará siempre un mismo tipo de nido, inclusive en algunos casos con el mismo número de pajas; un león que nace en África crecerá, se reproducirá y morirá allí, no hay otra opción, a menos que, un ser que se auto determine lo capture y lo lleve a otro lugar. No hay otra opción.

Somos la especie dotada por el universo con la capacidad de decidir ¿qué?, ¿cómo?, ¿cuándo?, ¿dónde? y hasta ¿con quién?, ser, hacer, estar y tener.

En las escrituras sagradas este poder es denominado como el *libre albedrío* y se ha determinado como la capacidad de elegir o la potencialidad de obrar o no obrar.

Todo ello es posible porque tenemos una capacidad que he denominado como EL PAN.

PAN es el acrónimo que uso para referirme a el **P**oder de **A**uto determinarse desde el **N**acimiento, este DON (donatus/donación/regalo) es una capacidad exclusiva de los seres humanos y se convierte en el principal instrumento para el desarrollo y evolución de la especie, es el arma de dotación de todo individuo humano, con la cual puede enfrentar *absolutamente todas las circunstancias que se presentan durante el viaje de la vida.*

Si naces pobre, puedes vivir rico; si naces ignorante, puedes vivir sabio; si naces en un país puedes decidir vivir o morir en otro; si naces hombre puedes decidir vivir como mujer o, al contrario; el universo me brinda la oportunidad como ser humano, de decidir por el principio del PAN, qué voy a hacer de mi vida, en mi vida y con mi vida, ¡los seres humanos podemos hacerlo porque tenemos el PODER DE AUTODETERMINARNOS!

¡El poder me ha sido entregado,
allí está,
si no hago uso de él,
sencillamente es
¡PORQUE NO ME DA LA GANA!

El Contexto:

- **EL TENER QUE** *(la Nada)*

"Al culpable debemos buscarle dentro, no fuera"
(San Agustín)

Un concepto liberador fundado en el criterio del *Poder de Auto determinarse desde el Nacimiento* (PAN) es lograr entender que en el viaje de la vida todo lo que he hecho es porque así lo he querido, lo que tengo, lo que soy, cómo y con quien estoy.

Descubrí que somos lo que decimos y en ese sentido observé que en la cultura latinoamericana, con discursos generalmente aprendidos, para toda situación adversa o no satisfactoria buscamos determinar responsables, lo que lleva a generar disculpas y hallar culpables en los demás; esta situación es derivada, entre otras, por una características de nuestro idioma - el castellano-. En nuestro idioma es posible decir, por ejemplo: *"el vaso se rompió"*, así, sin que haya un responsable, en el caso de los idiomas anglos y asiáticos (excepto el japonés) esta posibilidad no existe, en ellos se dice *"yo rompí el vaso"*, *"ella o él rompió el vaso"* o *"esta situación rompió el vaso"*, pero alguien es responsable de la situación.

En nuestra lengua esa licencia idiomática hace que en nuestra cultura la responsabilidad pueda ser ajena o evadida y es la más común de las salidas; encontramos también situaciones como *"tengo que trabajar el domingo"*, la realidad es que esa persona no **tiene** que ir a trabajar, ella **quiere** ir a trabajar, el asistir o no es una decisión propia y autónoma, en caso de no asistir puede tener alguna consecuencia, ya sea un llamado de atención, o un descuento o el despido, pero esa consecuencia no convierte la decisión en obligatoria, ser consciente de que no se tiene que hacer algo, es entender y aceptar que es un querer y por tanto las decisiones están basada en no **querer** ser objeto de alguna de las posibles consecuencias. Si no voy a trabajar me despiden, entonces no es que tenga que ir a trabajar, es que quiere conservar el trabajo porque me representa garantías, porque me es útil, porque lo necesito, por la razón que a bien tenga, pero soy yo quien decide que lo hace porque quiero.

"Entender que somos el producto de lo que así hemos querido, nos libera y permite entender que son nuestras decisiones, basadas en el Poder de Auto determinarnos, las que nos han llevado a dónde estamos y las que nos llevarán a donde queremos estar"

La silla de ruedas.

En la fila de espera para ingresar a una entidad bancaria me encontré con un conocido, director de un colegio, y para hacer menos tedioso el tiempo de espera nos pusimos a conversar; tratamos el tema del querer y del tener y de cómo somos el resultado de lo que decidimos y decidimos porque así lo quisimos, pero cómo también, generalmente, hacemos culpables a otros o encontramos disculpas. En la misma fila, una señora que se hallaba en silla de ruedas intervino en la conversación, diciendo:

- *¡Joven! Disculpe que me entrometa en su conversación, pero no pude evitar oír lo que comentaban…*
Y continúo…

- *o sea que, de acuerdo con lo que usted dice ¿yo estoy en esta silla de ruedas es porque yo así lo quise?*

El rostro de asombro de mi amigo ante semejante pregunta fue inmediato y me miró con algo de angustia, quizá pensado en sobre qué habría de responder ante tamaña pregunta que hizo la señora, máxime por la condición de ella.
Observé con detenimiento a la señora, ella, que tenía unos 50 años, creería yo, me miraba también y en sus ojos notaba molestia por lo que había escuchado de mi parte; entonces le dije:

Pierda usted cuidado, su pregunta es muy pertinente.

Y continué.

- *No sé por qué razón se encuentra usted en esa silla de ruedas; no sé si es por enfermedad, un accidente o una condición de nacimiento; es más, no sé si se pudo evitar el que usted esté allí sentada, pero creo que si cabe una pregunta: ¿quiere usted estar sentada en esa silla?*

Ella con enfado e incomodidad, me respondió:

- *Qué pregunta tan necia hace usted, por supuesto que ¡NO!*
- *Entonces, ¿por qué no se levanta?* – pregunté –

La incomodidad de la señora fue mayor y se hizo evidente en su

respuesta:

- *¡Porque no puedo!* – dijo -
- *¡Porque el médico ya diagnosticó que es   irreversible mi condición!*
- *¡Porque a mi edad es imposible!*
- *¡Porque en el tiempo que llevo, he visto muchos casos iguales y nadie se ha recuperado!* – concluyó

Vi en el rostro de aquella señora una convicción absoluta de lo que decía y una mirada de resignación que me golpeó muy fuerte; y por esa misma razón le dije:

- Me ha dado todas las razones que caben en su corazón y en su mente de por qué no se levanta de la silla, pero ninguna de por qué levantarse de ella.

Y continúe…

- me ha dicho que por que el médico, yo le pregunto y ¿quién ese ese señor para decidir que eso es su vida? ¿Ya consultó otros? ¿Investigó otros tratamientos en otros países?
- me ha dicho que, por su edad, yo le pregunto, ¿Cuándo es tarde, o la culpa es de la edad, de los años?

- me ha dicho que porque ha visto que otros no se han recuperado, yo le pregunto ¿si otros no pudieron entonces para usted es imposible y tampoco puede?

Concluí…

-   *He hablado de tres de las cuatro razones que usted me dio y todas tienen que ver con responsabilidad y "culpa" de otros, pero honestamente la razón que más me angustia es la primera que expuso y es – ¡porque no puedo! Y esa es la más importante porque mientras usted así lo crea así será.*

La señora no respondió, solo me miró con ternura y algo de pena, diría yo.

Por lo general no somos conscientes de lo que queremos, la mayor parte del tiempo lo que atraemos a nuestras vidas es sólo causa de un estado inconsciente pero real, damos por sentado todo lo que nos dicen, damos por cierto todo lo que vemos y oímos, pero pocas veces nos dedicamos a pensar conscientemente sobre lo que real y honestamente queremos para nuestras vidas y, peor aún, pocas veces actuamos en consecuencia con lo que queremos.

Creer que todo lo que me sucede es porque así me ha tocado, que hay un libro escrito que ya decidió mi destino, que nada puedo cambiar y no decidir creer todo lo contrario, es decir, no creer que soy el dueño de mis actos, de mis decisiones y por tanto de mi destino, es negarse a ejercer el poder de auto determinarme y tener un poder sin usarlo me convierte en necio.

Suele decirse que muchas cosas en la vida ¡son cuestión de suerte! Y ¿qué es la suerte? Decía Schopenhauer *"el azar reparte las cartas, pero nosotros las jugamos"* así que eso de la suerte, no es cuestión de las condiciones en las que nos repartieron las cartas al momento de nacer, sino de cómo jugamos con ellas al momento de vivir.

La suerte es una función de variables desconocidas, es decir, entre más conozco, más me informo, más aplico lo aprendido y entreno, más entiendo y mayor será mi *"suerte"*; dejar las cosas al azar convierte la vida en una cuestión azarosa. Controlar variables a través de la formación, la pregunta, el análisis y la comprensión permite aumentar las probabilidades de lograr lo que se pretende.

¡Tanto si crees que puedes, como que no, en los dos casos tendrás a razón!
Henry Ford.

No - tengo que – nada,
todo lo que he hecho, poseo y soy
es porque así lo he querido y permitido,
si no entiendo eso es
¡PORQUE NO ME DA LA GANA!

El concepto y el contexto.
-    **QUIEN SOY** *(El Logro)*

¡dime quién eres sin decir tu nombre!

Creo que las cosas deben tener un principio o, mejor aún, un punto de partida; y en el proceso de la vida, es el de la identidad: saber quién soy, para qué estoy en el mundo, y así poder determinar hacia dónde me dirijo y a qué.

Pero, *¿qué me pasa?* porque de primer momento me es difícil contestar a la pregunta: *¿dime quién eres sin decir tu nombre?*

La paradoja de Teseo.

Teseo, rey de Atenas, obtuvo un hermoso barco que perteneció a Demetrio un importante filósofo y político griego; este barco tenía más de cien años y debido a su estado precario, durante su traslado del puerto de donde se obtuvo, al puerto de llegada, le fueron cambiando piezas, hubo que hacer tantas modificaciones que la totalidad del barco fue renovado.

 La pregunta paradójica es.
¿el barco que zarpó del puerto inicial es el mismo que llegó a su destino final?

Pues bien, ese barco es el mundo, ese barco soy yo, cuando nacemos y crecemos nos convertimos en personas diferentes, pero seguimos siendo el mismo, sí somos diferentes, pero a la vez los mismos, entonces, *¿quiénes somos?*

¿soy un nombre? ¿Si cambio mi nombre dejo de ser yo? ¿Si cambio de nacionalidad dejo de ser yo?; si cambio mi aspecto físico o decido optar por otra identidad sexual ¿dejo de ser yo?

¿Quién soy? ¿mi ropa?; ¿Mi corte de cabello? Si los cambio ¿dejo de ser yo?

La cuestión de la paradoja de Teseo me llevo a analizar diferentes variables que pudiesen dar respuesta a esa pregunta y la respuesta más acertada fue que *soy el mismo pero diferente*, aunque en principio la lógica me indicaba que eso no era posible; porque de acuerdo a lo aprendido en la formación y visto a través de los paradigmas, algo o alguien *no puede ser lo mismo pero diferente*; esta concepción, descubrí, viene de un largo proceso de formación generalmente académico y repetido por todos. El criterio explicativo y de análisis de nuestro universo, y por tanto de nuestra vida, está basado en las matemáticas; el sistema de funcionamiento de una computadora es binario y numérico, ceros y unos, la explicación de la gravedad o de la relatividad, la construcción de una casa, un puente o de un cohete está basada en la matemática, y en esta ciencia hay tres principios lógicos que nos han sido enseñados desde siempre y que fueron postulados por Parménides de Lea; estos tres principios son el *principio de identidad* el cual dice que toda entidad es idéntica a sí misma, es decir habrá otras iguales pero no idénticas (lo que en lo humano es cierto, somos únicos, cada uno)

El segundo principio es el de *no contradicción* que plantea que ningún ente puede ser y no ser al mismo tiempo (lógica que no aplica a lo humano, porque no se trata de ser o no, también existe la posibilidad real, cierta y más importante en las personas y es el de estar siendo); y como tercero plantea el principio de *tercero excluido* es el cierre de los dos anteriores y postula que las cosas son o no son y además que no hay, no existe una tercera posibilidad. Entendí entonces que por la formación matemática nuestras vidas las convirtieron en blanco o negro, sí o no, es o no el mismo barco y comprendí también que eso es necesario, útil y fundamental para las matemáticas pero es fatal para el desarrollo de la vida del ser humano como persona; porque en referencia a la paradoja de Teseo y entendiendo ese barco como *"un nosotros"*, en efecto somos los mismos, pero diferentes y el ideal es ser cada vez mejores, el cambio forma y debe formar parte de nuestras vidas, del físico se encarga el tiempo y la naturaleza, del intelectual y emocional nosotros mismos.

- *La máscara - Del ser al estar siendo.*

No soy, estoy siendo, esa fue la mejor noticia del día, darme cuenta que no hay una esencia ni que estoy atado a una situación o a una condición, entender además que las decisiones no son solamente entre un sí o un no, entre blanco o negro, ni siquiera solo gris sino entre una cantidad y variedad de colores y opciones diferentes, fue descubrir un viaje con infinitas posibilidades y caminos para lograr la meta de la vida, además que me sirvió para entender que todo propósito es viable y por tanto necesario. Nadie es, todos estamos siendo, podemos seguir siendo los que fuimos el día anterior o parte de lo que fuimos el día anterior o, sencillamente, totalmente diferentes. Decían los tarahumaras al momento de ir a dormir, *"me voy a ensayar la muerte"* en la convicción que cada día se muere y se puede volver a empezar, que cada día al abrir los ojos es una nueva oportunidad, con la enorme ventaja de que en esa nueva oportunidad de vida es posible recordar lo vivido, es posible recordar lo hecho en la vida inmediatamente anterior para quedarnos con lo bueno y desechar lo malo, para fortalecer los aciertos y corregir las fallas; así es, nadie es, todos estamos siendo y seremos cuando llegue la hora final del viaje, entre tanto es posible corregir el rumbo, definir lo que deseamos y empezar de nuevo cada día.

Ese estar siendo me permite redefinir cada aspecto de mi vida, los que tienen que ver con el propósito, es decir, si no estoy haciendo lo que amo, mi condición de salud, mi resultado y condición económica y las relaciones que sostengo, también me permite cambiar y mejorar en cada rol que ejerzo, porque debo entender que soy muchas personas a la vez y cada una de ellas es diferente y busco que sea cada vez mejor, como hijo, como padre, como trabajador, como familiar, como pareja, como amigo, como ciudadano, como persona.
deciSIon.

"Siempre tomamos decisiones, ¡siempre! Inclusive cuando no tomamos decisiones ya decidimos no decidir

La decisión:

Dos presos atados por sus pies a largas cadenas con enormes y pesadas bolas de hierro acuerdan escapar. La vía de huida es un profundo acantilado con un río al final del trayecto; el primero se aleja unos metros del borde del abismo, arroja la bola de hierro y decide esperar a que la larga cadena se tense, no sabe si existe algún objeto que detenga la caída de la esfera de hierro, no sabe en qué sentido corre el río, ni tampoco si caerá en aguas profundas, si la corriente es fuerte o suave, simplemente espera a que el peso de la bola lo arrastre y lo lleve en la dirección y condición que sea. El segundo se aproxima al borde del abismo, mira el sentido de la corriente, determina cuál es la zona más adecuada para su escape, sostiene en sus manos la cadena y la bola de hierro atadas a su pie y se avienta.

En la vida se toman decisiones a cada instante, la gran mayoría de ellas de manera inconsciente y rutinaria y cada una de ellas tiene consecuencias, la diferencia entre los dos presos atados a las bolas de hierro radica en la conciencia para la toma de decisiones.

Cuando NO soy consciente NO tengo el control, cuando espero que la vida me lleve, es decir, como el primer preso, a ver qué pasa cuando se tense la cadena, no controlo el hecho de si la detiene una roca, una rama en el acantilado si quizá no cae, no sé si el agua es profunda, caudalosa o lenta, simplemente espero a que la vida me sacuda y cuando lo hace no estoy ni medianamente preparado para afrontar las situaciones. Si soy el segundo, en cambio, soy consciente, calculo, preveo, analizo y decido en conciencia, no me sorprende la vida, o no al menos del todo.

El sí y el no, no son opción, son una decisión, ser víctima o protagonista, ser rico o pobre, feliz o miserable, sano o enfermo, ninguna de todas estas cosas son opciones, todas son decisiones, es más, el cielo y el infierno no son lugares, son una decisión.

Aprendí que la distancia más larga entre la felicidad y la miseria es del tamaño de una decisión, como los presos con la bola de hierro atado a sus pies, el primero esperó a que las circunstancias decidieran por él, el segundo acorto el tamaño de la cadena recogiéndola en sus manos, abrazo el peso de la decisión y asumió el reto de cargar el peso de su decisión y disfrutar más pronto de su libertad.

Todos asumimos la responsabilidad de la decisión ya sea la consecuencia de la larga cadena o de la corta cadena, la del salto ya o la del salto procrastinado; siempre decidimos aun cuando no decidimos, decidimos no decidir.

3
INEVITABLE
PORQUE NO ME DA LA GANA

LAS SIETE LEYES DE LA VIDA.

> *"Dura lex, sed lex" –dura es la ley, pero es la ley-*
> *Aforismo del Derecho Romano*

Las normas del viaje de la vida.

La vida se rige por leyes, sean impuestas o acordadas por el hombre mismo, sea por la naturaleza o por la vida, es decir la existencia en movimiento y cambiante. Una ley es un criterio que es igual para todos y que aplica indefectiblemente de acuerdo con su ámbito de influencia, si es en lo jurídico, si es en la naturaleza o si es en la vida.

Conocemos sabemos y nos enseñan sobre la existencia de leyes jurídicas, hemos postulado y aprendido algunas leyes de la naturaleza a través de la física y de la química, pero poco nos han explicado sobre las leyes de la vida, éstas que son fundamentales para poder viajar la vida y ¡sí! la vida tiene reglas que he compilado en 7 leyes y que cumplen las características de las jurídicas y las naturales, esto es, son iguales para todos y crean o no, conozcan o no de ellas, serán aplicadas, *"el desconocimiento de la ley no exime de su cumplimiento"* reza la máxima de las leyes jurídicas, igual sucede con las leyes de la física, podrás o no creer en ellas, pero igual se aplican;

por ejemplo, la ley de la gravedad propuesta por Newton, si consideras no creer en ella, puedes lanzarte de un edificio, igual vas a caer.

Así son las leyes de la vida aun no creyendo, sabiendo o no de ellas, siempre se van a aplicar.

"¡La vida es más que una cuestión de fe, es una cuestión de fe en la fe!"

PRIMERA LEY DE LA VIDA
Ley de la Creación.

"Lo esencial es invisible a los ojos, por lo que no se ve sucede lo que vemos"
Antoine de Saint -Exupéry el Principito

"Cada momento es un momento de creación y cada momento de creación contiene infinitas posibilidades".
(Shakti Gawain

La ley de la Creación es la primera de las leyes de la vida. Esta ley plantea que todo tiene dos momentos de creación, un primer momento en la mente y un segundo momento en la realidad, es así como todo lo que pueda ver, mentalizar, imaginar y concebir en mi mente es posible y será lo que veré en mi realidad; de esta manera la silla en la que me siento, primero alguien la imaginó, luego la hizo; el edificio o casa donde habito primero fue imaginado, mentalizado, pensado y luego hecho; las sillas y edificios no cayeron del cielo, salieron de una mente. Este texto primero fue visto en la mente, ahora en la realidad, y ello sucede con respecto a todo; si el mundo que visualizo en mi mente es un mundo de pobreza, de temor, de incertidumbre, no espero ver una realidad diferente a ello; si veo un mundo de enfermedad en la mente, así lo será en la realidad;

así que debo prestar mucha atención a lo que veo en mi mente ya que todo es posible. Alguien algún día imaginó, pensó, mentalizó un computador, un teléfono móvil, un cohete espacial y en efecto hoy están y forman parte de nuestra realidad.

La Creación es el hito fundante de la divinidad de un dios y es la primera ley de la vida: lo que creo firmemente que es, será; lo que creo conscientemente que es, será; lo que creo inconscientemente ¡eso también soy!

"LA LEY DE LA CREACIÓN:
TODO TIENE DOS MOMENTOS DE CREACIÓN,
primero EN MI MENTE,
segundo EN MI REALIDAD"

¡Así que lo primero que debo cambiar es mi mente si deseo cambiar mi realidad!

SEGUNDA LEY DE LA VIDA
La ley de la Vibración.

"No es solo lo que pienso, es también lo que digo y hago sobre los pensado y también la energía con la que lo pienso, digo y hago"

La ley de la vibración tiene como fundamento que lo semejante atrae a lo semejante, y en la sabiduría popular hay muchos ejemplos de ello, como: dinero llama dinero; o el que entre la miel anda, algo se le pega; o dime con quién andas y te diré quién eres; o la máxima sentencia, el que a hierro mata a hierro muere.

La segunda ley de la vida es una invitación a entender y tomar conciencia (darse cuenta) de la lógica que existe entre lo que estamos creando en nuestra mente y lo que estamos teniendo en nuestro "mundo real"; la vibración es la manifestación de los pensamientos.

Es de esta manera como se materializan o se vuelven tangibles nuestras creaciones internas, nuestros pensamientos; lo pensado se convierte en lo dicho a través de la vibración de las cuerdas vocales, ese es un simple ejemplo. Ahora bien,
dependiendo de lo dicho, del sentido, del tono, de la intensión, atraeremos algo, obtendremos a cambio algo.

Muchas veces no logramos entender por qué cosas que nos suceden, pasan; o por qué no sucede lo que esperamos; creemos que estamos haciendo las cosas de manera adecuada para obtener un resultado y éste no es el esperado. Pues bien, es muy común que no estemos aplicando la fórmula adecuada de la vibración; esta fórmula tiene un orden especifico y No Aplica en ella la máxima matemática que nos dice *"el orden de los factores no altera el resultado";* aquí el orden sí afecta el resultado. El orden de la ley de la vibración es muy específico y es *PENSAR, DECIR Y HACER*, ¡ese es el orden! Primero se debe pensar en un sentido, luego hablar, expresarse, decir en consecuencia y por último hacer lo pertinente para lograrlo, esto se llama COHERENCIA.

El creer firmemente en algo no es suficiente ya que solamente es el primer paso, no basta con pensarlo y decirlo, se debe actuar; ese es el orden, porque cuando hago sin decirlo y sin tener el pensamiento adecuado puedo obtener un resultado, pero solo será una hoguera hecha con hojas: enciende fácil y rápido, pero dura poco.

¡Somos un enorme imán que atrae a su vida lo que desea, sea lo que sea, mucha dicha o poca dicha, la clave está en cómo vibramos!

Un hombre en el campo que compra, siembra una semilla de manzana, en el clima para manzanas, lo cuida de las plagas de la manzana, pensando en que va a obtener manzanas, ¡indefectiblemente cosechará manzanas!"

¡No solo pienso en cosechar manzanas, voy, hablo para adquirir la mejor semilla, la siembro, la cuido y la cosecho!

TERCERA LEY DE LA VIDA
Ley de Causa y Efecto.

Todo en la vida es un resultado; las relaciones, la situación económica, la misma situación social, son causa de una suma de decisiones que generan resultados comunes.

Mi esfuerzo debe estar enfocado en las causas y no en los efectos; si la fijación permanente es en el efecto, o sea la situación vivida a consecuencia de algo, seguramente el siguiente resultado irá en el mismo sentido.

Ante un resultado visto de manera desfavorable me debo remitir a la causa y ante un resultado favorable debo realizar lo mismo, en el primer caso para corregir y en el segundo para convertirlo en hábito.

No siempre soy consciente de mis actos lo que, independientemente, acarreará consecuencias, por esto es importante entender que mi vida depende en gran medida de lo que pienso cuando creo que no pienso y de lo que decido cuando creo que no decido.

Debo revisar entonces esa gran cantidad de acciones que realizo de manera mecánica, impulsiva, inconsciente, porque cualquier cosa que haga en la vida, no es gratuita; siempre va a generar un efecto.

Esta ley promueve, como todas las anteriores, la cualidad de la conciencia (capacidad o poder de darse cuenta) la misma que me permite afrontar de mejor manera cada situación vivida.

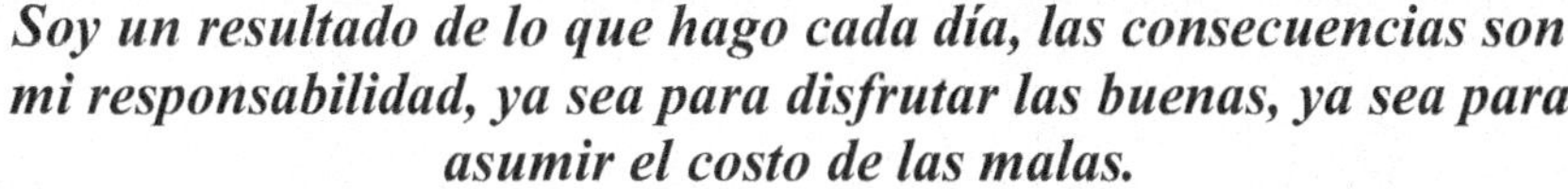

Soy un resultado de lo que hago cada día, las consecuencias son mi responsabilidad, ya sea para disfrutar las buenas, ya sea para asumir el costo de las malas.

"Antes de actuar se debe reflexionar, porque toda situación es una causa que indefectiblemente tendrá un efecto".

CUARTA LEY DE LA VIDA
Ley del Equilibrio

El modelo del universo está regido por el principio del equilibrio, la homeostasis u homeóstasis (conjunto de fenómenos de autorregulación); somos seres y modelos homeostáticos; esto quiere decir que todo en nuestro universo busca compensar de alguna manera para que todo esté en armonía.

Si deseo y hago cosas buenas para los demás llegarán cosas buenas para mí, lo que doy a los demás me lo estoy dando a mí mismo, lo que no doy a los demás me lo estoy quitando a mí mismo.

Debo tener consciencia (darme cuenta) de cómo me estoy relacionando; si no le inyecto dinero al sistema, el sistema no me lo va a devolver; si no doy amor, no lo voy a recibir; si no sonrió, no me van a sonreír; si no doy, no voy a recibir.

"Para que la ley del equilibrio aplique de manera positiva en mi vida, hay que ser generosos al dar y excelentes al recibir, si creo que "de eso tan bueno no dan tanto"; esto porque en el fondo sé que no estoy dando lo suficiente."

QUINTA LEY

Ley del Orden.

Los procesos de vida de los seres humanos tienen un orden establecido que permite obtener éxito en toda tarea emprendida, en todo sueño que se quiera realizar; el orden para el logro de los objetivos de vida es SER, HACER y TENER, en ese estricto orden.

Ese proceso es además el orden natural para el logro de resultados, pero muchas veces ha sido y es alterado por decisiones apresuradas generalmente emocionales, que no permiten el desarrollo y el logro de los objetivos. Pues bien, ante cualquier situación el ser humano primero debe trabajar en el SER; debe sentirse, imaginarse y creer para crear su estado del ser entorno a lo que se proponga. Luego debe actuar en consecuencia, o sea, HACER; el ser sin hacer no pasará de constituirse en imaginación, anhelos o sueños, simples deseos.

El hacer es el puente que comunica el ser y el tener. Indefectiblemente si se piensa y se actúa en consecuencia, los resultados serán los esperados; y, por último, se presenta el momento del TENER, como la consecuencia lógica de las dos etapas anteriores.

"El convencerme de que las cosas son posibles las convierte en probables y es allí donde se consolida el principio del SER; el HACER se traduce en actuar de manera coherente con lo que creo y, por último, el TENER será el resultado."

SEXTA LEY

La ley de la Acción.

"Al final somos lo que hacemos, no lo que pensamos ni lo que decimos".

Anónimo

La acción es, quizás, el aspecto más importante en la cadena de las decisiones humanas. La acción es el puente que comunica el deseo, el anhelo, el sueño con la posibilidad de hacerlos realidad y vivir en ellos.

Acción es hacer, poner en movimiento, pero es además conducir y guiar.

Cuando hablamos de la quinta ley de la vida, ley del orden, veíamos tres momentos: ser, HACER y tener. Pues bien, el hacer se refiere a la acción, podemos en principio decir que *SIN ACCION NO HAY NADA*, ese criterio fundamental da cuenta que para pasar del ser al tener debemos hacer, o sea, entrar en acción.

Un aspecto fundamental es que procrastinamos muchos de nuestros deseos. La procrastinación es un hábito, pero es a la vez una acción; es importante entender que cuando se postergan las cosas también estamos actuando, no de manera adecuada pero igual es una acción, se encuentra al mismo nivel de la decisión, cuando decidimos no decidir, ya decidimos.

Procrastinar es un hábito silencioso que trae consigo consecuencias. El más común de los casos, es no lograr los objetivos anhelados. La solución para que ello no suceda es muy simple y es "entrar en acción tan pronto como sea posible". Sufrimos muchas veces de parálisis por análisis, no quiere decir esto que se debe tomar acciones sin analizarlas o pensarlas; el problema radica en que muchas veces se excede en el análisis.

La ley de la acción es la materialización de la voluntad (querer, desear).

Para entrar en acción es importante centrar la atención (foco) en lo que se desea, nuestro cerebro es teleológico, esto quiere decir que funciona por objetivos, por enfoques.

"Tenemos dos espacios separados por un abismo: el punto A, el deseo; y el punto B, la realización de ese deseo; uno de partida otro de llegada; el puente que une esos dos puntos se llama ACCION; y es una ley, si no accionas en busca de lo que deseas, no lo vas a conseguir, desearlo no es suficiente."

SEPTIMA LEY DE LA VIDA

La Ley del Mínimo Sufrimiento.

No hay razón para buscar el sufrimiento, pero si éste llega y trata de meterse en tu vida, no temas; míralo a la cara y con la frente bien levantada"
Friedrich Nietzsche

La palabra sufrimiento significa "acción o resultado de padecer"; el sufrimiento es la forma oculta de llevar un dramatismo trágico y el punto relevante para la explicación de la ley del mínimo sufrimiento es que para el logro de los objetivos debemos reducir al mínimo esa condición común, cultural y hasta heredada de llevar oculto en todo lo que hacemos un dramatismo trágico, que limita la posibilidad de actuar, convirtiendo a quien cree que sufre, en una víctima, en objeto de lástima, minimiza las energías y satura de argumentos miedosos impidiendo el desarrollo del potencial del ser.

El sufrimiento desde el aspecto mental, mas no físico, es un invento y una condición humana. Es oportuno aclarar que existe el sufrimiento y se padece de dolor físico, pero el sufrimiento mental es una opción, ya que es una decisión de cada individuo.

La proliferación del sufrimiento como una forma de vida y un elemento de fracaso es conducta única en el ser humano e impide que se disfrute lo que se está haciendo.

La ley del mínimo sufrimiento expresa que entre menos guarde o lleve oculto conceptos, historias o constructos basados en un dramatismo trágico, mayores opciones tendré de superar adversidades y lograr objetivos de vida y, si, por el contrario, nuestras frases, palabras y conversaciones son construidas con logos favorables, favorables serán los resultados.

"El universo es próspero y tiene para nosotros todo aquello para lo que nos preparemos y por lo que hagamos."

4
INOLVIDABLE
PORQUE
NO ME DA
LA GANA

El Metro Cuadrado.

Mi espacio de vivencia se reduce a un metro cuadrado, ese metro cuadrado que ocupo en el espacio, un pequeño territorio que a donde vaya va conmigo y yo con él, es el escenario desde donde la vida se convierte en realidad, todo lo que construyo en y desde ese metro cuadrado será el resultado de la vida y ese espacio se relaciona con el espacio que las demás personas también, por derecho, ocupan.

Cuando un metro cuadrado de vida decide interactuar con otro metro cuadrado, inicia la segunda relación de la vida. La primera es al interior de ese espacio, es decir, de mi conmigo mismo y luego con otro u otros; cada metro cuadrado es como una especie de antena Wi-Fi, emiten una señal, vibra, genera una energía y dependiendo del tipo de energía que emita el metro cuadrado hacia el interior y el exterior así será el resultado desde y hacia adentro y desde y hacia afuera.

Somos una antena que envía señales de buena o de mala energía y todo se construye en ese metro cuadrado, donde además soy el dueño y el que define cómo voy a vibrar, qué voy a emitir.

La Actitud.

He acá la diosa de las emociones, es en realidad la reunión de muchas emociones, a veces buenas, a veces no tanto; si son buenas será la diosa de la buena actitud de lo contrario será la diosa de la mala actitud, al ser la reunión de muchas emociones, la actitud, es una posición emocional frente a un acontecimiento y la vida por si misma es un acontecimiento, pues la vida sucede cada día, cada instante y frente a ella debemos asumir una actitud.

La disposición de ánimo con la que hago algo permite definir cuál tipo de actitud tengo frente a esa situación, por ejemplo, ¿qué tal al despertar? ¿cuál es la actitud frente a la inauguración de ese nuevo día? ¿es obligada por un dispositivo que mediante sonidos me recuerda que estoy vivo? o ¿es voluntaria, programada y esperada?, pero más allá de solamente la forma de entrar al nuevo día, lo realmente importante es si asumo una posición y sentimiento de gratitud por disfrutar de ese nuevo día o es más bien una actitud de desilusión, de reniego y desesperanza; esto por mencionar el primer momento del día, y ¿los demás momentos y vivencias? El transporte, el trabajo, el estudio, la pareja, la comida, el clima, la salud, el dinero, los compañeros, la familia.

Pocas cosas se han enseñado sobre la actitud y curiosamente muchos resultados son determinados por el tipo de actitud frente a lo que se hace; creo que lo más importante que se debe entender con respecto a la actitud, es que es una decisión, quizá la decisión más fácil de tomar y tal vez por ello la que menos se usa.

Frente a cualquier acontecimiento puedo decidir qué actitud asumir, una buena o de **protagonista** o una no tan buena o de **víctima**. Lo inicialmente importante frente a la actitud es ser consciente de cuál es la posición emocional frente a las acciones emprendidas, pues ella determina de manera sustancial el resultado, buena actitud siempre será un buen resultado, inclusive sí el resultado no es el esperado; mala actitud será siempre un mal resultado así este sea el esperado.

Del infierno al cielo.

De alguna manera en la mente existe la percepción que cielo e infierno están después de la muerte y que son lugares, sin embargo, hay tantos infiernos y cielos en vida. Suele creerse también que están determinados por circunstancias externas, la realidad es que no es así, porque, aunque los factores externos influyen, no determinan la forma de ver y asumir la vida.

Del infierno.

La queja.

La queja es una expresión de dolor, lleva consigo una carga negativa, tristemente es un hábito aprendido y heredado, es una condición casi que, de tradición, constantemente está en las conversaciones, es utilizada con un ánimo de víctima, expresa la sensación de lamento, desazón y lo único que permite es disminuir la energía y generar lastima, quejarse es creer que el mundo está en contra, que la vida duele, vivir quejándose es vivir en el infierno.

"Para el inconforme no hay silla cómoda"

El reclamo.

El reclamo es una denuncia, un disgusto permanente, es una acción de reproche, es además un acto de traslado de la responsabilidad a una fuente externa, es justificación y la manera más común de disculpar las acciones y los resultados, es exclamar que "la culpa es de otro".

"Quien le echa tierra a otro, pierde terreno"

El reclamo es el mayor acto de superioridad de un ser que se siente inferior, es la acción más indecente de aquel que se cree susceptible de derechos sin ser sujeto de responsabilidades; asumir la vida haciendo simplemente reclamos, es asumir la vida como un infierno. La energía que se usa confeccionando argumentos para reclamar, roba energía vital para ser feliz.

"Por cada minuto de reclamo se pierde uno de felicidad"
"No todos tienen los mismos derechos porque no todos cumplen los mismos deberes"

Al cielo

La gratitud.

La gratitud es una emoción positiva, es diferente decir gracias a ser agradecido, la gratitud es una actitud que también genera un estado de ánimo, influye en todos los aspectos de la vida, desde el despertar hasta el llegar a descansar, influye en las relaciones, en la economía, en el logro del propósito; gratitud es tan simple como valorar todo aquello que tenemos, lo que somos y lo que vivimos.

> *"No arruines lo que tienes pensando en lo que no tienes"*
> *Epicuro.*

La gratitud es la antítesis de la queja y el reclamo, porque gratitud es ver las cosas que funcionan, todo lo contrario de la queja y el reclamo, nadie se queja ni reclama sobre lo que funciona.

Comúnmente se educa pensando en lo que no se tiene, creando una mentalidad de carencia, se fortalece una conciencia de escases, mientras se piensa y se cree que no hay y que por tanto se debe conseguir, la vida queda en un vacío, se queda en una espera a conseguir aquello que no se tiene para que la vida tenga sentido, y cuando esto sucede la energía se enfoca en sufrir por carencia; por el contrario, si la energía se enfoca en lo que se tiene generará una conciencia de prosperidad.

La gratitud es un acto de reconocimiento de potenciales, no es una disculpa de conformistas, cuando se agradece lo que se tiene, se es y donde se está, lo que hacemos es reconocer una base para seguir adelante, no se trata de conformarse, por lo contrario, fijarse en lo que no se tiene es crear un vacío, es abrir un abismo. - donde pones tu atención pones tu energía –

"Cuando estás agradecido, el miedo desaparece y aparece la abundancia"
Tony Robbins.

La actitud es una cuestión de gratitud.

Al revés

Cuando una vida se debate entre mínimos o máximos, entre buenos o malos, entre éxito o fracaso; cuando se exigen requisitos; cuando el amor adquiere medida en visitas, en número de paseos o de encuentros, cantidades de momentos compartidos, en número de besos dados o regalos recibidos, en cantidad de meses o años de relación; cuando el propósito se mide en premios, páginas de revistas publicadas, seguidores de redes sociales, cantidades de "likes", compartidos o visitas; cuando la salud es referenciado en centímetros de abdomen, tamaño y volumen del busto, fotos de comida, cantidad de calorías; y cuando, en cambio, la cuenta bancaria y los asuntos de dinero no tiene cálculos matemáticos, referentes numéricos claros, metas económicas, proyecciones financieras y rendimientos porcentuales… **" se está manejando esa vida al revés; se le está poniendo números a los que debe ser sentimientos y sentimientos a los que debe ser números."**

Crisis

Lo fantástico de (estar en) la crisis

Crisis es separación, decisión, ruptura, normalmente se ha asociado con situaciones adversas y es un término que debería ser asociado de manera más acertada y asertiva con el concepto de cambio y en mi caso particular con el de oportunidad. La palabra crisis es origen de términos como crítica y criterio, en cualquiera de los dos casos siempre es una oportunidad para sumergirse, para elevarse o para continuar igual.

La crisis rompe el statu quo (las cosas como están) las cosas comunes, las de siempre; cuando en la vida no hay cambios no es por falta de decisiones, simplemente es porque decidimos siempre lo mismo, así que creo que cuando existe o se vive una crisis en realidad lo que se presenta es una oportunidad.

Lo fantástico de vivir una crisis es entender que las cosas están cambiando, que hay movimiento, que la "normalidad" está siendo alterada y que hay cosas que no funcionan y se debe reflexionar sobre ellas; la crisis nos obliga a pensar, por tanto, produce análisis y reflexión.

Crisis es oportunidad de cambio y las oportunidades deben ser aprovechadas, vivir sin crisis no es vivir, vivir en crisis no es vivir, la crisis es un instante para cambiar, no una instancia para vivir.

LA VIDA

¿Al final qué era la vida?

La vida no era más que movimiento, cambio constante, una construcción permanente, la vida era también incertidumbre, era duda, era una apuesta a la capacidad de decidir, era un ejercicio de prueba, acierto y error, de permanente aprendizaje sobre los aciertos y los errores también, la vida era un sueño, un anhelo, un deseo, la vida era un momento, un instante, era acción.

Si no estuvimos en movimiento, en cambio, en una construcción permanente, si no sentimos incertidumbre y duda, si no le apostamos a decidir, a probar así acertáramos o nos equivocáramos, si no aprendimos de lo que hicimos bien o lo que no hicimos tan bien, si no tuvimos sueños, anhelos y deseos, si no vivimos con fuerza y conciencia cada momento, cada acción… **estuvimos respirando, pero no viviendo.**

El Testamento (un ejercicio)

Que recuerdo UNICO quieres elegir para el resto de la eternidad

Es hora de hacer un balance, de revisar un poco lo realizado, no con el ánimo de reproche sino con el de tener un punto de reflexión; tomo una hoja en blanco, sin ninguna línea, sin ningún trazo, lo hago a mano, escribo el nombre de todos mis seres queridos, el de la ciudad a la que pertenezco, el del país, el de la humanidad y les digo.

- *"Me marcho, sabía que sucedería y he aquí mi legado, esto es lo que a mi partida les dejo…"*

- *"me queda pendiente…"*

"Y pensar que todos los años pasamos por la fecha de nuestra muerte, sin saber cuál es,"

"LA PÁGINA"

Esta es la que pretende marcar una enorme diferencia en el entendimiento de este escrito que se llama **¡PORQUE NO ME DA LA GANA!,** y da un giro de 180 grados proponiendo que se modifique la comprensión del título del libro desde la perspectiva de la pregunta y no de la afirmación, es decir, que se quiera resolver el título como pregunta luego de leer y ojalá entender sobre lo indispensable, lo indefectible, lo inevitable, lo inolvidable y lo infalible, cuando ya se haya comprendido esto, el título que debería tener para cada lector este texto es:

¿POR QUÉ NO ME DA LA GANA?

Antes de iniciar el texto, el título del libro tenía un sentido y una razón, porque existe la creencia de que todo lo que el ser humano se propone lo puede lograr, lo que se debe tener ahora es la certeza de que así es.

Al principio el título refería rebeldía, luego algo de culpa y ahora el punto de partida, en serio, ¿por qué no te da la gana?

Allí está todo, el poder de auto determinarse, el no tener que nada, el saber que no eres, sino que estas siendo, las reglas del juego, la decisión, el cielo y los recursos.

¿Por qué no quieres ser feliz, prospero económicamente, hacer lo que amas, ser saludable, saber relacionarte?; ¿por qué no te da la gana?;

¿Por qué?

5
INFALIBLE
PORQUE
NO ME DA
LA GANA

El método

Los recursos UNINTRASPERSONALES.

Mucho se ha dicho sobre los recursos necesarios para emprender un proyecto, entre ellos los más comunes son los recursos físicos, los económicos y los humanos; estos son los aspectos que la academia y el medio invita a reconocer y valorar para determinar la viabilidad de un proyecto, sin embargo, existen otro tipo de recursos de los cuales poco se habla y menos se enseña a manejar, comprender y usar.

Estos recursos son tres y los denomino los recursos UNINTRANSPERSONALES. Su definición proviene de algunas de sus características: son recursos **UNICOS**, es decir que no regresan, si no son usados a tiempo en el momento y con el esfuerzo necesarios se perderán; la segunda característica es que son **INTRANSFERIBLES** esto quiere decir que no se pueden entregar ni ceder a otros y por último son **PERSONALES** porque cada persona decide qué hacer con ellos, cómo utilizarlos y si los aprovecha o no. Finalmente tienen otra característica y condición fundamental y es que son exactamente iguales para todos los seres humanos; estos tres regalos del universo para lograr cualquier objetivo y los cuales son únicos, intransferibles, personales e iguales para todos, son: TIEMPO, MOMENTO Y ESFUERZO.

A Tiempo.

Nuestra relación con el tiempo es bastante particular, en primer lugar, resulta algo complejo lograr definirlo, *¿qué es el tiempo?* No hay una respuesta clara con respecto a él o a eso o a lo que sea que es, quizá se pueda decir que el tiempo es una unidad de medida, pero *¿y qué mide? ¿A él mismo?* decidí entender el tiempo como un recurso que afecta directamente la vida de todo ser humano, el cual podemos calcular y por tanto nos sirve para medir y establecer puntos de referencia y evaluar avances.

Unintranspersonal.

Es un recurso **único** porque el tiempo no regresa, es **intransferible** ya que nadie puede ceder tiempo de su vida a otra persona y **personal** porque cada quien decide en qué utilizarlo, además es exactamente **igual** para todos, sin importar el nivel jerárquico social, la capacidad económica, ni ningún otro aspecto; el día tiene, para todos, la misma duración.

La existencia del fenómeno tiempo dentro del entendimiento humano es irrefutable pues sus efectos se pueden observar tanto en lo físico como en lo psicológico y emocional; este recurso que es un recurso agotable debe ser comprendido para ser utilizado de manera adecuada.

"Debemos recordar que el tiempo no es dinero, no es oro, ¡el tiempo es vida!... ¿Cuándo se nos acaba el tiempo?"
"Cuando perdemos tiempo en realidad lo que perdemos es vida."

La manipulación del tiempo.

El adecuado manejo o manipulación del tiempo debe entenderse desde la perspectiva de la administración, pues hay el que hay, es decir nadie puede agregar más minutos a una hora, más horas a un día ni más segundos a su vida.

"Por más que te angusties no aumentarás un ápice a tu existencia en el mundo".
Mateo 6:27

Para comprender la complejidad del manejo y rendimiento del tiempo se debe comprender dos conceptos fundamentales, el primero se conoce como el *kronos*, este, es el tiempo en el reloj, es decir el tic-tac, es la forma en que medimos el tiempo y es exactamente igual para todos, es medible y cuantificable mediante el segundo, el minuto, la hora, el día, la semana, el mes, etc. y existe un segundo concepto: es el *kairos*, este trata sobre la percepción que se tiene del tiempo, de cómo transcurre el kronos, el cual es diferente para todos.

Una forma sencilla de comprender la existencia de este fenómeno es analizar cómo en algunas acciones o situaciones el tiempo transcurre de manera más rápida o por el contrario de manera lenta, cuando se está en actividades de espera como la fila de un banco, o en una consulta médica, o con un dolor fuerte durante la noche, la percepción del tiempo es que no avanza o avanza muy lentamente, sin embargo un minuto es un minuto; de otra forma cuando estamos en actividades en las que nos sentimos a gusto el tiempo parece fluir más rápido, cuando menos pensamos, se acabó. Una forma muy particular de percibir el tiempo es cuando se ve la fecha del año y resulta, generalmente, que ha pasado todo muy rápido, o con respecto a la edad, un día somos jóvenes al otro estamos celebrando nuestros 30 años.

Para el aprovechamiento del recurso tiempo es necesario encontrar el equilibrio entre el kairos y el kronos, cuando estos dos fenómenos son percibidos de manera consciente y coordinada se es más efectivo.

De los dos aspectos el fenómeno a controlar es el Kairos, es decir la percepción del tiempo, allí radica el principal inconveniente al momento de aprovechar este recurso, pero ¿por qué la percepción va por un lado y el paso real del tiempo va por otro?

Existen dos factores que hacen que esto suceda, de una parte, tenemos la actitud (emociones) frente a las situaciones vividas, buena actitud el tiempo pasa veloz, mala actitud el tiempo pasa lento, y, de otra parte, tenemos un desorden descomunal en la cabeza, en la mente, en el cerebro, porque manejamos mucha información al mismo tiempo, dejamos todo a la "memoria" esto hace que permanentemente se nos aparezcan datos, compromisos, pensamientos sobre cuestiones pendientes, lo que genera distracciones y por tanto hace perder tiempo, es decir… vida!

Actitud y tiempo

(Para cuando el tiempo se hace eterno)

La forma emocional con la cual afrontamos las situaciones afecta directamente la percepción del tiempo; si recordamos que la actitud es una decisión y si nuestra decisión se enfoca en, como mínimo, entender las situaciones vividas, esto hará que aquellos momentos que nos parecen interminables y/o "eternos", dejen de serlo, lo cual resulta muy útil cuando se aplica a situaciones que desarrollamos de manera cotidiana, permanente o rutinaria como el trabajo o el estudio.

Decidir disfrutar de todas nuestras acciones, entender cuál es nuestro rol en las actividades que desarrollamos, permite hacer que la actividad que realicemos sea un evento que celebrar y agradecer y del tiempo un recurso aprovechado.

Tiempo y orden

(Para cuando el tiempo no alcanza)

Cuando el tiempo no alcanza lo que en realidad sucede es que nos está quedando grande la vida; si no alcanza el tiempo no alcanza la vida ¿en qué y cómo estamos utilizando el tiempo?

El tiempo se administra, por esto es cuestión de orden, al igual que cualquier recurso, el tiempo se debe priorizar, planificar, ejecutar y evaluar, revisar cada uno de esos momentos es fundamental para poder optimizar nuestro tiempo, es una cuestión de orden.

Priorizar entre lo urgente y lo importante; lo importante viene de adentro, forma parte de nuestro propósito, de la misión, de otra parte, lo urgente proviene de afuera; es una especie de imposición, lo que se considera urgente generalmente es producto de una falta de planificación, de previsión, por tanto, cuando se presenta requiere de atención inmediata, es prudente, para iniciar, atender aquellas cosas que son urgentes e irlas eliminando, hasta convertirlas en acciones previsibles e iniciar a dar paso en nuestra agenda a las cosa importantes.

Priorizamos lo que se va a planear.

Planear el tiempo es el segundo ejercicio de aprovechamiento de este recurso y se logra a través de un instrumento muy común, la agenda, esta nos permite tener consignado en lugar confiable la respuesta a seis preguntas fundamentales y orientadoras: ¿Cuándo? ¿dónde? ¿con quién? ¿para qué? ¿cuánto tiempo? ¿con qué? y ¿cómo?

"Planear es incierto, pero es más incierto no hacerlo"
Albert Waterston
Planeamos lo que se va a ejecutar.

Ejecutar; Las actividades programadas en la agenda cada día deben cumplirse al máximo posible, para ello es importante con un día de anticipación confirmar las actividades acordadas para el día siguiente, esto permite ratificar o modificar la agenda y de esta manera optimizar el uso del tiempo.

Ejecutamos lo que se planeó.

Evaluar; Revisar cada día cuál fue el desempeño de lo organizado permite repasar el uso que le estamos dando a nuestro tiempo, también reprogramar actividades y cumplir metas.

Evaluamos lo que se ejecutó para determinar si lo que se priorizó y planeó era lo adecuado y estuvo bien hecho.

"INSTRUTIEMPO"

(instrumentos para administrar el tiempo)

La Agenda.

Para dar un mayor orden al tiempo, debemos aprender a manejar el instrumento con el que se administra, la agenda, pero ¿qué se agenda? Hay cuatro elementos fundamentales que deben ser consignados en la agenda diaria y que permite tener mayor orden, claridad y por tanto eficiencia en el uso de este recurso.

Es importante recordar que una agenda ofrece los datos de mes, día y hora, los demás elementos es importante consignarlos de acuerdo co el tipo de actividad así:

<u>Citas</u>; son encuentros con otra persona, toda actividad pendiente que requiera para su cumplimiento de la voluntad de otra persona se llama cita y se agenda así:

Una vez ubicada la hora y fecha se debe consignar:

Nombre de la persona//lugar// asunto//complemento (si se requiere llevar algo)

Es útil para recordar, coordinar y respetar el tiempo de los demás y sobre todo respetar el propio tiempo.

<u>Recordatorio</u>; toda actividad que no requiere de encuentro con otra persona se agenda así:

Una vez ubicada la hora y fecha se debe consignar

Actividad// fecha (de cuándo se debe hacer la acción) //complemento (lo que se requiere para efectuar la acción)

Es útil para realizar cobros, pagos, fechas especiales, eventos, medicamentos, entre otros.

<u>Dead line</u> (línea de muerte); son actividades que requieren de un tiempo límite para realizar la acción, se agenda así:

Una vez ubicada la hora y fecha se debe registrar:

Actividad// fecha o plazo límite para la entrega// complemento (requisitos necesarios para cumplir con el compromiso)

Es útil para entrega de informes, declaración de impuestos, pago de seguros, exámenes académicos, entre otros.

<u>Ruta</u>; encuentro con uno mismo, es la agenda para desarrollar esas actividades que firman parte de lo que más nos gusta hacer, que forman parte del proyecto personal.

se agenda así:

Una vez ubicada la hora y fecha se debe consignar:

Actividad//lugar// complemento.

Es útil para fortalecer el propósito de vida, fomentar el talento y conocerse.

Las listas.

Otro instrumento, además de la agenda, para la administración del tiempo son las listas, organizar mediante este elemento aspectos como el mercado, las ideas que se nos ocurren, los compromisos o acuerdos laborales, las películas que se quieren ver, los libros que recomiendan o de interés, permite que, al igual que con la agenda, nuestro cerebro y mente sepa dónde buscar y ubicarnos al momento de asumir compromisos y realizar actividades, esto resulta infalible.

***Los instrumentos están ahí, si no los utilizo es
¡porque no me da la gana!***

El Esfuerzo

De manera equivocada el esfuerzo se ha relacionado con sufrimiento y de ningún modo es así, esfuerzo es fuerza y tiene como consecuencia la acción, el movimiento, toda acción requiere de esfuerzo, este no es nada distinto que el traslado de energía, es la forma como se obtienen logros, nada sucede sin acción.

Este es un recurso Unintranspersonal ya que el esfuerzo que no se hace es una oportunidad que se escapa y esa misma no regresará, es intransferible por que quien debe actuar es cada uno para que lo deseado sea lo recibido, no la consecuencia de lo que alguien más hace y uno recibe como resultado lo que queda de esa acción y, personal, porque cada quien decide si lo ejecuta o no; por último, es igual porque todos estamos en la capacidad de hacerlo en la misma proporción.

Es cierto que existen mayores y menores esfuerzos, lo que no es cierto es que haya quien pueda hacer solo el menor y quienes puedan hacer el mayor esfuerzo, todos podemos tener el mismo nivel de esfuerzo.

Así como el esfuerzo se ha confundido con el sufrimiento, existe una permanente confusión entre la motivación y la fuerza de voluntad, estos, son los dos componentes del esfuerzo.

De la motivación, la fuerza de voluntad y el esfuerzo.

La motivación es un fósforo que enciende otro fósforo, prenden rápido y pronto se apagan, la motivación es una emoción instantánea que cuando se sostiene en el tiempo se convierte en fuerza de voluntad la cual es una vela encendida por un fósforo.

La motivación es de instantes, la fuerza de voluntad es permanente, sin embargo, cuando la vela se está apagando se requiere de más fósforos para mantenerla encendida o volverla a encender.

Así púes el esfuerzo proviene de una fuerza de voluntad que se mantiene por la motivación y cuando el esfuerzo está presente, los logros son el resultado.

Los resultados que consigues serán directamente proporcionales al esfuerzo que aplicas.
Denis Waitley

El esfuerzo, al contrario del tiempo, es un recurso inagotable, no hay límite para el esfuerzo y esto contrario a lo que se pueda pensar más que una ventaja es un desafío, porque siempre existe la posibilidad de haber podido dar o hacer un poco más; no obstante, frente a la posibilidad de esforzarse más, es importante tener claros aspectos como los que se tienen con respecto al tiempo, hay que planear el esfuerzo, priorizarlo y ejecutarlo.

La emoción; somos lo que nos emociona, la clave es entender que es lo que nos mueve, nos motiva; cuáles son los detonadores de nuestro movimiento; cual es la razón o razones por las que cada día nos levantamos y salimos a enfrentar el mundo; cuáles son nuestros objctivos, qué anhelamos y deseamos y plantearnos cómo lo vamos a lograr. Un planteamiento es el principio de un plan, enfocarnos en ello y salir a buscarlo.

La fuerza de voluntad, es una batería cuya carga se va agotando con cada decisión y con cada distracción, para evitar que esa batería se descargue debemos evitar decidir sobre cuestiones triviales y mantenerse enfocado en el objetivo que nos hemos trazado.

Persistir, resistir y nunca desistir, no es más que constancia y la constancia no es más que permanecer y los ingredientes para esa fórmula no son otros que motivación y fuerza de voluntad, es decir, esfuerzo.

Esfuerzo con resultado; para que tengamos resultados reales en la vida se deben aplicar siete claves que permiten mantener la motivación para que ésta se convierta en fuerza de voluntad:

1. Tener claros los **objetivos**
2. Crear un **plan** para lograrlos
3. **Accionar** para lograrlos

4. **Autocontrol**, elegir lo mejor, no lo más fácil, preguntarse si lo que voy a hacer es producto de una necesidad o de un antojo.

5. **Limites**, establecer retos que se puedan cumplir, avanzar poco a poco, los cambios drásticos no son siempre buenas decisiones.

6. **Resistir** diez minutos más, cuando exista algo que quieras dejar o algo que quieras hacer y no sea conveniente, debo decir, resistiré diez minutos más.

7. **Comparte** tus objetivos y metas con otros, esto permite convencerse de lo que se desea y perfeccionar las estrategias, además evita distracciones.

El momento.

"El origen no está en el pasado, está en el presente".

El tercer recurso Unintranspersonal es el momento, igual que los dos anteriores es intangible, además de único, intransferible y personal, lo que no debe ser, es incomprensible.

Si el tiempo es ***"el cómo"***, el esfuerzo ***"el con qué"***, el momento es ***"el en donde"*** y ese donde es aquí y ahora.

Llego el Momento

La vida no se trata de revivir pasados sino de crear futuro, el que se construye en el presente; cuando se crea futuro es porque se vive el presente y por lo tanto se consolida el pasado, siempre lo hacemos, aunque no de manera consciente.

Podemos viajar al pasado, es más, podemos vivir (morir) de él, podemos viajar al futuro, es más, podemos vivir (morir) de él, pero el único espacio en el que realmente podemos vivir es en el presente, es más, deberíamos vivir por él, en el, con él, para él y de él.

El momento es ahora y aunque suele pensarse que el presente está constituido de un pequeño instante que ya paso, en verdad, mientras se viva, vivimos en el eterno presente, nadie sabe cuándo es mañana, ni cuándo es más tarde; todo lo que poseemos es el ahora, el ya, ese es el lugar para tomar las decisiones y definir nuevos rumbos de ser necesario.

Haz que valga la pena.

Es ahora, el mundo, el universo, la vida ¡todo es ahora! No es mañana, no es más tarde y por tanto procura que cada acción, cada situación y cada emoción, valga la pena, que cada cosa hecha sea consciente y lo mejor posible, haz que este instante valga la pena, que el beso dado, la palabra pronunciada, la emoción sentida, la decisión tomada, ¡todo, haz que valga la pena!

¡Estamos en nuestro mejor momento, sobre todo porque es el único que tenemos!

"Como es tu día, será tu vida"

Dedicatoria: Los recursos unitranspersonales está dedicado a todas aquellas personas que aún consideran que un proyecto sólo necesita o depende de recursos económicos, físicos y humanos.
Los recursos me han sido entregados, si no hago uso adecuado de ellos es, *¡porque no me da la gana!*